POÈMES POUR LA MAIN GAUCHE

DU MÊME AUTEUR

Les Songes en équilibre, poèmes, Montréal, Éditions de l'Arbre, 1942. Prix David 1942.

Le Torrent, nouvelles, Montréal, Éditions Beauchemin, 1950 ; Paris, Éditions du Seuil, 1965 et Montréal, Éditions H.M.H., 1976.

Le Tombeau des rois, poèmes, Montréal, Institut littéraire du Québec, 1953.

Les Chambres de bois, roman, Paris, Éditions du Seuil, 1958 et coll. « Points Roman », 1985. Prix France-Canada 1958 et prix Duvernay 1958.

Poèmes, Paris, Éditions du Seuil, 1960. Prix du Gouverneur général 1960.

Le Temps sauvage, théâtre, Montréal, Éditions H.M.H., 1967.

Dialogue sur la traduction, en collaboration avec Frank Scott, Montréal, Éditions H.M.H., 1970.

Kamouraska, roman, Éditions du Seuil, 1970 et coll. « Points Roman », 1983. Prix des Libraires 1971.

Les Enfants du Sabbat, roman, Paris, Éditions du Seuil, 1975 et coll. « Points Roman », 1983.

Héloïse, roman, Paris, Éditions du Seuil, 1980.

Les Fous de Bassan, roman, Paris, Éditions du Seuil, 1982. Prix Fémina 1982.

Le Premier Jardin, roman, Paris, Éditions du Seuil, 1988.

La Cage suivi de *L'Île de la demoiselle,* théâtre, Montréal-Paris, Éditions Boréal/Seuil, 1990.

L'Enfant chargé de songes, roman, Paris, Éditions du Seuil, 1992. Prix du Gouverneur général 1992.

Le jour n'a d'égal que la nuit, poèmes, Montréal-Paris, Éditions Boréal/Seuil, 1992.

Œuvre poétique 1950-1990, Montréal, Éditions du Boréal, coll. « Compact », 1993.

Aurélien, Clara, Mademoiselle et le Lieutenant anglais, roman, Paris, Éditions du Seuil, 1995.

Anne Hébert

POÈMES POUR
LA MAIN GAUCHE

Boréal

Les Éditions du Boréal sont inscrites au Programme de subvention globale du Conseil des Arts du Canada et reçoivent l'appui de la SODEC.

Diffusion au Canada : Dimedia
Diffusion et distribution en Europe : Les Éditions du Seuil

Données de catalogage avant publication (Canada)

Hébert, Anne, 1916-

    Poèmes pour la main gauche

    ISBN 2-89052-823-5

    I. Titre.

PS8515.E16P63	1997	C841'. 54	C97-940106-2
PS9515.E16P63	1997		
PQ3919.H37P63	1997		

SI LOIN DE MOI

Je pleure si loin de moi
Qu'aucune larme ne ruisselle
Au creux de la caverne profonde
Entre ma douleur et moi
Aucun écho ne répond au mal
Que le silence broya.

AU PALAIS DE L'ENFANT SAUVAGE

Au palais de l'enfant sauvage
Jaillirent des larmes de sel
Leur éclat fut tel
Que les gardes qui veillent
Aux marches du palais
Furent terrassés sans retour
Dans un éblouissement de lune et de cristal
Insoutenable et sans objet apparent.

APRÈS L'ORAGE LES ANGES

On a parqué les anges
Aux plumes mouillées
À l'avant des longs bateaux plats
Qui descendent la Seine
Au fil des courants amers

Leurs lourdes ailes imprégnées d'eau et de tonnerre
Les empêchent de repartir vers le ciel bleu
Où les attend Dieu

Ils ne prennent plus leur élan
Et piétinent sur place
Pareils à des volailles dans des flaques

Au passage
Découvrent les berges monotones
Des femmes et des hommes
Dans la passion de vivre surpris

Bien moins s'en étonnent
Que du sort étrange des anges.
Parmi les trombes et les éclairs
En plein vol foudroyés et livrés
Toutes ailes rabattues
Aux mariniers aveugles et sourds.

MARÉE BASSE

Au grand étalage du bord de mer
Parmi l'algue et le goémon
Les mots sont arrivés en nombre pressé

Rejetés par la vague que si longtemps en son sein les choya
Sur le sable gris fruits de mer captifs
Dégoulinant de naissance amère

Leur âme secrète et dure
Polie par les abysses noirs
Projette des lueurs vagues

Nous sera remise
Sans mode d'emploi
Fermée comme une huître perlière
Dans des odeurs marines profondes à mourir.

MON OMBRE

Mon ombre s'impatiente derrière moi
Depuis longtemps désirant prendre ma place
Me brûle les talons
Me dépasse en courant
Marche devant moi
Fait de grands signes avec les bras
Ameute les passants
Prétend qu'elle est moi
Et que je suis elle
Affirme très haut
Que personne ne la suit de près
Sur le trottoir
Si ce n'est une forme dérisoire
Dont elle ne sait que faire.

CAUCHEMAR

L'épouvante a des pattes de velours
Tapie aux quatre coins de la chambre
Elle se déplace avec l'ombre envahissante
Ayant pour cible le cœur qui s'obscurcit
Elle gagne ses quartiers pour la nuit.

À BOUT DE SOUFFLE

Soufflez-moi des paroles claires
Dans l'air sombre qu'il fait ici

Soufflez-moi des mots transparents
Dans le temps cotonneux d'aujourd'hui

Soufflez-moi des paroles rondes
Comme des bulles de savon

Avant qu'elles ne se brisent
Et n'éclatent au noir plafond.

TOUS LES BEAUX VISAGES

Tous les beaux visages du monde
En leur innocence première
Furent baignés de larmes
Comme de durs galets que colore la vague
Les plus tendres les plus doux
Sans qu'on puisse augurer
D'un sacre aussi âpre
Pour la suite des jours.

LA DANSEUSE TUÉE

Des lignes de craie blanche
Sur le trottoir tracées
Dessinent clairement
Le corps de la danseuse tuée

Au delà des nuages
En dépit des ordres contraires
De la mort sévère
Ses pas volatiles miment sans fin
Des pointes et des entrechats
Sans qu'on puisse les arrêter.

Du sol gris aux blanches nuées
Son cœur s'élance et retombe
Sans qu'on puisse le saisir

Autour d'elle
La ville s'impatiente
Reprend vie de plus belle
Sur un air de fête
Au son d'un tambour à peine voilé.

TERRAIN VAGUE

Les enfants hâves et mal peignés
Qu'on a relégués
Hors de la planète
Au delà des nuages gris
Plus loin que les astres et les anges
Baignent dans des halos de lune morte
Blême mémoire et lieu d'origine
Terrain vague bosselé d'ordures.

IL FAIT TRÈS CLAIR

Il fait très clair sur la planète à côté
Les bêtes et les gens sont lumineux
Envers endroit comme des étincelles

Il ne pleut ni ne neige à perte de vue
Ce monde est rond comme une pomme mûre
De tous bords en sa rondeur parfaite
Baignée de soleil et de rire joyeux

Sa lumière semble si douce vue d'ici
Qu'on en rêve à n'en plus finir

Rien ne se passe vraiment
Sur cette claire mappemonde
Que le jour à son pur zénith
Une espèce de contentement profond

Si l'ombre rôde à l'horizon
En y pensant bien ce ne peut venir
Que de notre cœur obscur
Qui trop se penche à la lucarne
Pour voir le jour à travers l'espace.

TROIS FOIS PASSERA

La danseuse a franchi les cercles de feu
Tous les cerceaux de flamme tendus dans l'arène
Le peuple des corridas retient son souffle
Couronnée de durs reflets de forge
La voici qui rebondit pour la troisième fois
Sur la piste glacée où fument ses chaussons
Son cœur fruste en cette aventure
Y passa comme une toute petite allumette.

LES PETITES GARES

Les petites gares à la retraite
Roses et violettes comme des bouquets fanés
S'en vont à la dérive dans le beau temps
Doucement rêvent sur des chemins tranquilles
Baignées dans l'azur liquide.

Leur âme légère invente des vapeurs bouillantes
Des trains d'enfer qui étincellent dans la nuit
Des départs et des arrivées nostalgiques
Tout un brouhaha d'embrassades surannées

Le souffle rauque du passé cogne aux portières
Et reviennent les pas perdus
Sur des quais pleins d'herbes folles
Et de silence éperdu.

LE VENT QUI TOMBE

Le vent qui tombe en courant
S'abat sur la chaussée qui se déchire
Creuse des galeries profondes
Où l'on peut voir des villes souterraines
Des continents engloutis qui luisent en secret
Pareils à des étoiles mortes
Se relève d'un bond
Ramasse ses cyclones et ses ouragans
Reprend sa course au delà des nuages
Quoique blessé dans sa chute
Ignore tout du monde étrange
Enfoui sous son ombre furibonde.

LES PAS DU DORMEUR

Les pas du dormeur suivent des chemins étranges
Sur des grèves incertaines et mouillées
Qui le mènent lentement
Vers l'océan profond et noir
Là où luisent sourdement
De grands soleils aveugles
Tout comme si la pulsation de leur cœur
Était à découvert
À vingt mille lieues sous les mers.

VAIS-JE MOURIR

Vais-je mourir
Maintes et maintes fois
Au fil des jours et des nuits
La vague toujours recommencée
Et le cri des grands morts crucifiés
Tout contre mon oreille
Comme marée d'équinoxe
Tendre appel à la surface des eaux.

LE TEMPS

Le temps
Dans le chas de l'aiguille
Passe si lentement
Que tous les chevaux du roi
En plein galop d'épouvante
Se figent et meurent
Tranquilles et étonnés
Pris au lasso des jours étouffants.

VISITATION

Les trompettes de gloire laissent derrière elles
Un sillage fauve sur le ciel qui flamboie

Une vaste clameur va s'apaisant
À mesure que meurt le soleil
Et pointe la nuit sous les feuillages

De l'autre côté de la mappemonde
Passe le jour de pourpre et d'or
En sa véhémente splendeur
Roulée parmi les ténèbres.

ACTE DE FOI

Elle croit des choses qu'on ne lui a jamais dites
Ni même murmurées à l'oreille
Des extravagances telles qu'on frissonne

Elle s'imagine tenir dans sa main droite
La terre ronde rude obscure
Comme une orange sanguine qui luit

La vie y est douce et profonde
Hommes et femmes s'aiment à n'en plus finir
Quant à la joie des enfants elle claironne
Comme soleil à midi

Ni guerre ni deuil
Ce monde est sans défaut
Le chant profond qui s'en échappe
Ressemble aux grandes orgues
Des cathédrales englouties

Tout cela palpite dans sa main
Rayonne à perte de vue
Tant que le cœur verse sa lumière
Telle une lampe suspendue
Au-dessus des villes et des champs.

LES GRANDS LIS BLANCS

Les grands lis blancs sur la fenêtre
Somptueux et superbes
Évoquent mariées et communiantes
Baptêmes et premiers bals

Immaculés et glorieux
Ils tirent cependant de leurs cœurs à peine verts
Des langues rousses et moussues
Dignes des fiers serpents que blesse l'air bleu.

AURORE

La nuit rabattue sur les yeux
Comme un noir capuchon
De moine austère bien à l'abri
Loin des couleurs vives répudiées

Dans un aussi sombre refuge
Le nez sur l'étoffe rude
Respirer et cligner des cils
Contre la bure rêche

Imaginer l'univers en mouvement
La terre qui tourne
Et mille clartés qui bougent

Reprendre aussitôt son visage nu
Quitter masque noir et réduit obscur
Chapelle ardente et songes confus

Se lève d'un bond le vent du large
Plein de sel et d'astres qui poudroient
Comme la neige

Toute la mer surgit et recommence
La terre brune et verte se montre de face et de profil
Brille l'aurore à tue-tête sur le monde qui s'éveille.

CARREFOUR DE BUCI

Il y a quelqu'un qui pleure
Au carrefour de Buci
Au milieu des quatre-saisons
Sur le trottoir amoncelées

Ses larmes transparentes
Parmi le flot des gens pressés
Des peines et des effrois de passage
Se perdent dans l'azur qui s'achève

Sans qu'on sache bien
De quel côté de la rue
Vient l'ombre et meurt le soleil.

MON OMBRE ET MOI

Parmi l'hiver et les astres morts
Nous nous emplissons de nuit à ras bord
Mon ombre et moi
Sous la lampe balancée comme un falot
Dans le temps obscur qui nous déchire

Si je lui dis que ses mains
Ne sont plus avec elle
Depuis un bon moment déjà
Se réchauffent au loin
Ardente déraison
Au feu qui bruit

Si j'affirme qu'un soleil roux
Debout
Sur le fil du jour
S'égosille à tue-tête
Derrière la cloison de bois

Elle ne me croit pas
Et frileusement
Ramène sous son châle noir
Ses mains endormies
Qui semblent mortes.

L'ENNUI

L'ennui se tortille à mon poignet
Gonfle ses veines vertes
Les malmène et les tarabuste

Entre le derme et l'épiderme
Bougent de tout petits serpents verts
Pour l'effroi.

TOMBÉE DU JOUR

Le jour tombe
De l'arbre rond
Comme une orange ronde
Soleil évanoui

Nul ne le ramasse
Dans l'air qui grisonne
Le laisse là pourrir
Sur le sol noir

Survienne la nuit confuse
Rumination des aubes incertaines
Magma sauvage des paroles jamais dites

Germe la plus étonnante des fleurs vives
Et peut-être même le sang de la terre
Tout entière
En sa naissance reconduite

Comme une rivière
Qui reprend son lit défait
Au plus creux de nos veines.

L'ORIGINE DU MONDE

La fin du monde ayant eu lieu
On l'a lâchée dans l'espace nu
Toute vive parmi les astres consumés
La terre encore fumante à l'horizon
Comme une bougie soufflée

Jamais l'air ne fut si pur et dur
Un goût de gel persistait
Tout alentour des lunes pâles

Elle la sorcière aux crins noirs
Chevelure aisselles et pubis ruisselants
L'Ève des paradis terrestres

Son odeur de musc et de sueur
S'égare dans la froideur du vide
Elle a des jupes et des jupons
Échappés des siècles révolus
Sa traîne comme celle des comètes
Flotte entre les planètes déboussolées

Ses basques sont pleines de graines et de semences
Ramenées des fiers amants et des rousses prairies
À tout hasard elle plante des herbes et des arbres
Des hommes et des femmes minuscules grains de
[framboises vertes

Elle fonde une autre terre dans l'espace infini
L'Origine du Monde se couche parmi l'éther bleu
Jambes ouvertes et souffle court.

LE SOIR VENU

Le soir venu
Dans l'air opaque répandu
Pareil à une buée
La femme du chef de gare
Ramène sur son bras
Ainsi qu'une lessive claire
De grands pans de jour
Intacts et purs
Les empile sur des tablettes sûres

Bien rangées dans l'armoire close
Lumières à vif durent
Jusqu'au matin
Comme des lampes captives

À moins que de grands trains fantômes
Puissants et lourds
Toute lueur éteinte dans les ténèbres
Ne viennent réclamer l'âme du feu qui sommeille

Afin de pouvoir comme à l'accoutumée
Soleil allumé
Dévaler les pentes abruptes de la nuit.

TABLE

MISE EN PAGES ET TYPOGRAPHIE :
LES ÉDITIONS DU BORÉAL

CE DEUXIÈME TIRAGE A ÉTÉ ACHEVÉ D'IMPRIMER
EN JUIN 1997 SUR LES PRESSES DE L'IMPRIMERIE GAGNÉ,
À LOUISEVILLE (QUÉBEC).